Roberta Franz

Pe' te

Testi e traduzione di
Roberta Franz

MNAMON

Prefazione

All'insegna della sperimentazione

È questo il senso delle opere che abbiamo costruito Roberta ed io.

Che fossero le mie poesie, corredate dalle sue immagini astratte, o un testo filosofico infarcito di ogni altra forma d'arte, o un romanzo di 'fantascienza' in cui passato e futuro si capovolgono... Ogni libro scritto e creato da Roberta Franz e me aveva questo progetto comune, forse a volte ingenuo, a volte ibrido, ma sempre assolutamente volto alla sperimentazione libera e pura.

In questa versione su carta non c'è la mia recitazione delle poesie, in dialetto e tradotte in italiano. È un elemento ovviamente importante, del quale si può fruire nell'e-book multimediale che si trova su www.mnamon.it.

Abbiamo comunque previsto una diffusione maggiore dei versi, realizzando questo "libello" per i lettori più attenti alla lettura o che la prediligono. Consigliamo comunque l'ascolto sul citato e-book.

Giuseppe De Renzi

Descirme tesente

Descirme tesente, diman' gliu presente se mente
Cu la faccia temente e gliu'occhi sfottenti
Po esse che me manch'
Po esse che mo veng' o me ne vag'
quando rir o me fai piagne
Aggia cantà cu core
Pe me che song ca
Fermet', te l'aggia dice
Song' io.

Decidiamo ti sento

Decidiamo ti sento, domani il presente si mente
Con la faccia temente e gli occhi sfottenti
Può essere che mi manchi
Può essere che ora vengo o me ne vado
Quando ridi o mi fai piangere
Devo cantare col cuore
Per me che sono qua
Fermati, devo dirtelo
Sono io.

Parole ca non se po dicere

Parole ca non se po dicere
Turit' cu la cer' sta occa
Se nun me crir deriss' e man
Se nun me sent' pecchè me chiam
E allora se tu nun dice e io nun parl'
Che simm rumast a fa'
Su sta via du mal dint
Pe' sta vita chin'
Pe stu juorn ca rir' e gir'
Dint na vota che sparl'
Dint na rima che saglie
Cu sens de' maglie
Stong ancora ca.

Parola che non si può dire

Parola che non si può dire
Turati con la cera questa bocca
Se non mi credi drizza le mani
Se non mi senti perché mi chiami
E allora se tu non dici e io non parlo
Che siamo rimasti a fare
Su questa via del male dentro
Per questa vita piena
Per questo giorno che ride e gira
Dentro una volta che sparla
Dentro una rima che sale
Col senso delle maglie
Sono ancora qua.

Stuort' o diritt'

Stuort' o diritt' gerest'
Ca fistura rapert'
Sedent'
ch'e maglie deret'
Annanze e parole
Vincist'
Nun se cunteva a post'
Ca si vinciute
Si diman' raccont'
Co gliu'occhi nun vedi
Cu core sent'.

Storto o diritto

Storto o diritto gestiste
Con la fessura aperta
Sedendo
Con la rete dietro
Avanti le parole
Vinceste
Non si contava la posta
Perché avete vinto
Se domani racconti
Con gli occhi non vedi
Con il cuore senti.

A scincica' me ferte

A scincica' m'è ferte
A rir feteste
A sentere muresse
Si nun o vir sap leste
Ver o nun ver gesture
Facesse fesule
E derisse e mule
Sona pert'
Rest spert'
Ca nui e non vui vincisse

A disordinare mi hai ferito

A disordinare mi hai ferito
A ridere festeggiasti
A sentire morissi
Se non lo vedi sappi lesto
Vero o non vero gestura
Fate proiettili
E drizzate i muli
Suona vicino
Resta lontano
Perché noi e non voi vincessimo

Pecché russ' o verde

Pecché russ' o verde
Nun simm' bianc'
Rumanemm siert
Cu' sta fesa tesa
E stu juorn' res'
Nun sonimm arnese
E rennimm' tiert

Perché rosso o verde

Perché rosso o verde
Non siamo bianchi
Rimaniamo ginestra
Con questa faccia tesa
E questo giorno reso
Non suoniamo armi
E regniamo senza comandare né essere comandati

Pe' te

Gliu mare
Sapid' e chin'
Benest' a levante
Gliu sole in poppa.
Gliu core tie
Doce e tiert'
'E mani mie
Sciulent' e sabbia.
Vient' int' e vele
Onde 'ncopp' a piaja
Mani rapert'
Aspiett'
De t'ambrassà na vota ancora.

Per te

Il mare
Salato e pieno
Con la bonaccia salpasti a levante
Il sole in poppa.
Il cuore tuo
Dolce e fiero
Le mani mie
Scivolanti sabbia.
Vento nelle vele
Onde sulla spiaggia
Mani aperte
Aspetto
Di abbracciarti una volta ancora.

Sommario

Roberta Franz

Ho ucciso un moscerino. Chissà come si chiamava. Ma i
moscerini non hanno nome direte voi. E se invece fra loro
si chiamassero per nome? Metti il caso che un extraterre-
stre venisse sulla terra e uccidesse un umano, si chiederebbe
come si chiamava? Ma gli umani non hanno nome direbbe.
Ma che ne sai tu extraterrestre dei miei stivali! Tra beceri ci
si chiama per nome!
Mi chiamo Roberta Franz e sono una fotografa e scrittrice.
Non mi arrendo mai. Quando sono all'angolo il mio cervel-
lo comincia a volare. La fantasia? È solo l'eros del reale. Mi
trovate all'indirizzo web http://www.robertafranz.net.

Ha Illustrato con le sue immagini il libro di Giuseppe De
Renzi "La bellezza macchiata del rosso". Coautrice con
Giuseppe De Renzi di "Realitas" e "La lavatrice di Cleva".

Giuseppe De Renzi

Medico Microbiologo, Giuseppe De Renzi è nato nel 1964.
Originario del Sud Pontino (Scauri di Minturno), vive a To-
rino dal 1994.
È sposato e ha due figlie.

Ha collaborato con la rivista "Inedito".
Ha pubblicato in ebook per le edizioni Mnamon "Nero su
Bianco"; "Parabola di un altro me stesso", finalista nel Pre-
mio Inedito – città di Chieri; "Il venditore di fiori", roman-
zo; "All'ombra della grazia", raccolta di racconti; "L'ultimo
naufragio del generale"; "Il voto"; "La bellezza macchiata
del rosso", raccolta di poesie corredata dalle fotografie di
Roberta Franz; "A peso d'oro", romanzo; "Realitas" e "La
lavatrice di Cleva", scritti con Roberta Franz; "Vita è" scrit-
to con Antonino Barcellona; "Equinozio di Primavera";
"Verso Te", raccolta di poesie con le illustrazioni di Aurora
Braga; "In cattedra con Gigliola" da un'idea di Anna Clara
Ionta con le illustrazioni di Aurora Braga.

www.ingramcontent.com/pod-product-compliance
Lightning Source LLC
Chambersburg PA
CBHW020450030426
42337CB00014B/1484